I0499074

www.ingramcontent.com/pod-product-compliance
Lightning Source LLC
Chambersburg PA
CBHW060857220526
45466CB00003B/1410
* 9 7 8 1 6 7 6 6 1 5 4 5 3 *